COLLECTION CUISINE CONVIVIALE

30 menus pour mes bentos

Recettes et photos : Sylvie Aït-Ali
http://amusesbouche.canalblog.com

EDITIONS ESI

60, rue Vitruve, 75020 Paris

Imprimé en France par POLLINA – 85400 Luçon - L52537
© Éditions ESI - Dépôt légal : janvier 2010 - Achevé d'imprimer : décembre 2009 - ISBN : 978-2-35355-332-7 - N °Sofedis : S428702

sommaire

Menu brochettes

Préparation : 1 heure • Cuisson : 10 minutes • Difficulté : ★ Budget : ★★

Pour 2 personnes

Brochettes de canard

- 6 tomates cerise
- 12 filets de canard fumé
- 6 billes de mozzarella
- 1 cuil. à café d'herbes de Provence

Brochettes de dinde

- 80 g de riz
- 200 g de filet de dinde
- ½ poivron jaune
- ½ poivron rouge
- 1 petite courgette
- 1 cuil. à café d'huile d'olive
- ½ cuil. à café de romarin
- Sel et poivre

Brochettes de fruits

- 1 kiwi
- 1 banane
- ½ mangue
- ½ citron
- 1 tranche d'ananas (de belle taille)
- 6 carrés de chocolat noir

Pour l'entrée, coupez les tomates cerise en deux, piquez une demi-tomate, un filet de canard plissé, ensuite une bille de mozzarella puis à nouveau un filet de canard et pour finir la seconde moitié de tomate. Faites ainsi 6 brochettes, saupoudrez-les d'herbes de Provence.

Mettez le riz à cuire dans de l'eau salée bouillante. Coupez le filet de dinde, la courgette et les poivrons en gros dés, placez le tout dans un saladier, arrosez d'huile d'olive, de romarin, salez et poivrez. Formez les brochettes sur des piques ou si vous avez, des branches de romarin. Mettez-les à cuire sur le gril. Faites revenir les légumes restants dans une poêle et mélangez-les au riz.

Épluchez et coupez les fruits en morceaux, arrosez-les du jus du demi-citron puis formez 4 brochettes, accompagnez-les de carrés de chocolat.

Menu burger

Préparation : 40 minutes • Cuisson : 20 minutes • Difficulté : ★ Budget : ★

Pour 1 personne

Coleslaw
- 100 g de chou blanc
- 1 carotte
- 2 cuil. à café de mayonnaise
- 1 cuil. à café de moutarde
- Sucre en poudre
- Sel et poivre

Burger poulet
- 1 tomate
- 80 g de blanc de poulet rôti
- 1 pain à hamburger
- 3 feuilles de salade verte
- 1 tranche de gouda
- Ketchup
- Mayonnaise

Brownies
- 150 g de chocolat noir
- 150 g de beurre
- 100 g de sucre glace
- 3 œufs
- 70 g de farine
- 40 g de noix de pécan

Râpez le chou blanc et la carotte, ajoutez la mayonnaise et la moutarde, mélangez bien. Ajoutez une pincée de sucre, salez et poivrez. Réservez au frais.

Coupez la tomate en rondelles et dressez le burger en superposant tous les ingrédients. Assaisonnez de mayonnaise ou de ketchup selon vos préférences. Enveloppez le burger dans du film alimentaire.

Faites fondre le chocolat au bain-marie (ou au micro-ondes) avec le beurre. Lorsque le mélange est homogène ajoutez le sucre glace, les œufs battus en omelette puis la farine et les noix de pécan grossièrement hachées. Versez la pâte dans un moule carré de 18 cm de côté chemisé de papier sulfurisé.

Mettez au four pour 20 minutes à 180 °C (th. 6). À la sortie du four attendez 10 minutes puis démoulez et laissez refroidir. Placez au frais 1 heure.

Menu campagnard

Préparation : 40 minutes • Cuisson : 1 heure • Repos : 24 heures • Difficulté : ★★ Budget : ★★

Pour 2 personnes

Salade d'endives
- 2 endives
- 40 g de noix
- 30 g de raisins secs
- 1 cuil. à soupe d'huile de noix
- 1 cuil. à café de vinaigre balsamique
- Sel et poivre

Terrine de volaille
- 200 g d'escalopes de poulet
- 200 g de foies de volaille
- 150 g de chair à saucisse
- 15 cl de crème liquide
- 1 œuf
- 5 cl de cognac
- 60 g de pistaches fraîches
- 50 g de noisettes
- 1 cuil. à soupe d'herbes de Provence
- Sel et poivre

Salade de pommes de terre
- 200 g de pommes de terre
- 150 g d'haricots verts
- 2 cuil. à soupe d'huile d'olive
- 2 cuil. à café de vinaigre balsamique
- 1 cuil. à soupe de ciboulette hachée
- 1 échalote
- Sel et poivre

- 1 grappe de raisins
- 1 portion de camembert
- 1 morceau de baguette

Coupez les endives en rondelles, ajoutez les noix grossièrement concassées et les raisins secs. Préparez une vinaigrette, avec l'huile de noix, le vinaigre, du sel et du poivre, que vous verserez sur la salade au moment du déjeuner.

Passez les escalopes de poulet et la moitié des foies dans un hachoir. Ajoutez à ce mélange la chair à saucisse et la seconde moitié des foies coupés en morceaux, la crème, l'œuf, le cognac, les pistaches, les noisettes et les herbes. Salez et poivrez.

Mettez le mélange dans une terrine largement graissée et placez-la au four à 180 °C (th. 6) dans un bain-marie pendant 1 heure. À la sortie du four, retirez l'excès de graisse, laissez refroidir puis placez-la au frais pendant 24 heures.

Épluchez et faites cuire les pommes de terre et les haricots verts à la vapeur. Coupez les pommes de terre en dés. Sans attendre qu'elles refroidissent, arrosez le tout d'huile et de vinaigre, ajoutez la ciboulette, l'échalote hachée, salez et poivrez.

Pour le dessert, prenez une part de camembert et une grappe de raisins blanc ou noir.

Menu chic

Préparation : 45 minutes • Repos : 1 nuit • Cuisson : 10 minutes • Difficulté : ★ Budget : ★★

Pour 2 personnes

Tomates farcies au crabe

- 50 g de vermicelles de riz
- 60 g de miettes de crabe
- 40 g de surimi râpé
- 1 échalote
- 10 brins de ciboulette
- 1 cuil. à soupe d'huile d'olive
- 1 cuil. à soupe de sauce soja
- 2 tomates
- Sel et poivre

Saint Jacques aux pois gourmands

- 80 g de riz
- 30 g de margarine
- 200 g de pois gourmands
- 12 noix de Saint-Jacques
- 1 cuil. à soupe de sauce soja
- 1 cuil. à café de persil haché
- Sel et poivre

Mousse au chocolat express

- 60 g de chocolat noir
- 10 cl de crème liquide entière

Pour les tomates farcies : faites bouillir une casserole d'eau salée, plongez-y les vermicelles de riz 2 minutes feu éteint. Égouttez les vermicelles et passez-les sous l'eau froide. Essorez les vermicelles en pressant d'une main puis mettez-les dans un bol et à l'aide de ciseaux coupez-les en petits morceaux. Ajoutez les miettes de crabe, le surimi râpé, l'échalote et la ciboulette ciselées, l'huile et la sauce soja. Salez modérément et poivrez. Coupez le couvercle des tomates, évidez-les et remplissez-les de vermicelles. Placez au frais.

Mettez le riz à cuire dans une grande casserole d'eau salée bouillante, le riz doit être bien cuit, légèrement collant. Égouttez-le et moulez des onigiris, à défaut façonnez des boulettes de riz.

Faites chauffer un peu de margarine dans une poêle, puis faites revenir les pois gourmands, attention de ne pas trop les cuire, ils doivent rester légèrement croquants, salez. Retirez les pois gourmands et remettez un peu de margarine à chauffer. Saisissez les noix de Saint-Jacques, 1 minute sur chaque face. Arrosez-les de sauce soja et saupoudrez de persil. Placez les onigiris et les noix de Saint-Jacques sur un lit de pois gourmands.

Pour la mousse : montez la crème liquide bien froide, en chantilly, réservez-la au frais. Faites fondre le chocolat au micro-ondes 3 fois 30 secondes en mélangeant bien entre deux à chaque fois. Lorsque le chocolat est totalement fondu, ajoutez ¼ de crème Chantilly, mélangez rapidement puis ajoutez le reste de crème et mélangez délicatement. Versez la mousse dans 2 ramequins et placez au frais une nuit.

Menu chinois

Préparation : 1 heure • Cuisson : 20 minutes • Difficulté : ★★ Budget : ★

Pour 2 personnes

Rouleaux de printemps

- ¼ de concombre
- 1 carotte
- 80 g de germes de soja
- 6 galettes de riz
- 6 feuilles de salade verte
- 200 g de crevettes cuites
- Sauce nuoc-mâm

Riz cantonais et omelette

- 100 g de riz
- 1 cuil. à soupe d'huile d'arachide
- 1 oignon
- 60 g de petits pois
- 80 g de jambon en dés
- 60 g de crevettes cuites (de petite taille)
- 4 œufs
- 1 cuil. à café de margarine
- Sel et poivre

- Croquants au sésame

Pour les rouleaux de printemps : taillez le concombre en bâtonnets. Râpez la carotte et égouttez les germes de soja. Faites ramollir une galette de riz dans de l'eau chaude, égouttez-la sur un torchon propre. Placez sur la galette de riz, une feuille de salade, les légumes et les crevettes en long pour former un petit boudin sur le premier tiers de la feuille. Roulez la feuille de riz en rabattant les côtés. Renouvelez l'opération pour former 6 rouleaux de printemps. Dégustez en trempant dans de la sauce nuoc-mâm.

Pour le riz cantonais : faites cuire le riz à la vapeur ou dans une grande casserole d'eau salée. Égouttez-le bien. Dans un wok, faites chauffer l'huile, faites fondre l'oignon haché et laissez cuire 1 minute, il ne doit pas colorer. Ajoutez le riz, mélangez constamment pour ne pas laisser attacher. Ajoutez les petits pois cuits, les dés de jambon et les crevettes, salez et poivrez. Continuez de mélanger et laissez cuire 5 minutes.

Battez les œufs en omelette, salez, poivrez. Faites fondre la margarine dans une poêle puis versez les œufs pour former une fine omelette. Lorsqu'elle commence à se décoller de la poêle, roulez-la à l'aide d'une spatule et laissez finir la cuisson 3 minutes. Coupez-la en tronçons et placez-la sur le riz. Accompagnez de croquants au sésame.

Menu club sandwich

Préparation : 15 minutes • Difficulté : ★ Budget : ★

Pour 1 personne

- **2 tranches de pain de mie complet**
- **1 cuil. à soupe de mayonnaise**
- **1 tomate**
- **1 tranche de jambon blanc**
- **4 feuilles de salade verte**
- **Tomates cerise**
- **1 pomme**
- **2 petits-beurre**
- **Jus d'orange**

Étalez la mayonnaise sur le pain, superposez des tranches de tomate, le jambon et la salade.

Fermez le sandwich, pressez légèrement puis coupez-le en deux dans la diagonale.

Accompagnez le sandwich de tomates cerise et terminez par une pomme, des petits-beurre et un jus d'orange.

Menu croques

Préparation : 30 minutes • Cuisson : 15 minutes • Difficulté : ★ Budget : ★

Pour 1 personne

Champignons à la grecque

- 1 oignon blanc
- 3 cuil. à soupe d'huile d'olive
- 400 g de champignons de Paris
- 10 cl de vin blanc
- 1 cuil. à soupe de concentré de tomates
- 1 citron
- 1 feuille de laurier
- ½ cuil. à café de thym
- Sel et poivre

Croque-monsieur au jambon cru et mozzarella

- 2 tranches de pain de mie
- 1 tranche de jambon cru
- 2 rondelles de mozzarella
- 2 feuilles de basilic

Croque-monsieur au chèvre et roquette

- 2 tranches de pain de mie
- 2 rondelles de bûchette de fromage de chèvre
- Roquette

Croque sucré

- 2 tranches de pain de mie
- ½ banane
- 2 cuil. à café de pâte à tartiner au chocolat
- Beurre

Faites chauffer l'huile dans une casserole et mettez l'oignon haché à fondre mais sans le faire colorer. Ajoutez les champignons entiers, laissez cuire 5 minutes puis ajoutez le vin, le concentré de tomates, le jus du citron, les herbes, salez et poivrez. Portez à ébullition puis laissez mijoter doucement 5 minutes. Laissez refroidir puis réservez au frais.

Pour le croque au jambon cru, placez entre 2 tranches de pain de mie, la tranche de jambon cru pliée en deux, les 2 rondelles de mozzarella sans oublier les feuilles de basilic entières.

Pour le croque au chèvre, placez le fromage et la salade entre 2 tranches de pain de mie.

Beurrez très légèrement l'extérieur des croques et placez-les dans l'appareil à croque ou à défaut déposez-les sur une plaque de cuisson recouverte de papier sulfurisé et mettez-les au four à 200 °C (th. 6-7) le temps qu'ils soient bien dorés.

Pour le croque sucré, coupez la moitié de banane en deux dans le sens de la longueur, placez-les sur une tranche de pain et étalez le chocolat sur la seconde tranche. Beurrez l'extérieur légèrement avant de les cuire.

Menu de la mer

Préparation : 45 minutes • Cuisson : 20 minutes • Difficulté : ★ Budget : ★★

Pour 2 personnes

Crevettes sauce à l'aneth
- 200 g de crevettes cuites
- 50 g de fromage blanc
- 1,5 cuil. à soupe de crème fraîche épaisse
- ½ citron
- 2 branches d'aneth
- Sel et poivre

Salade de lentilles au saumon
- 200 g de lentilles vertes
- Laurier
- 2 cuil. à soupe d'huile d'olive
- 2 cuil. à café de vinaigre balsamique
- 2 échalotes
- 10 brins de ciboulette
- 120 g de saumon fumé en dés
- Crackers

Compote pomme rhubarbe
- 2 pommes
- 100 g de rhubarbe
- 2 sachets de sucre vanillé
- Petits-beurre

Hachez finement l'aneth, mélangez-le au fromage blanc, à la crème et au jus du ½ citron. Salez et poivrez. Trempez-y les crevettes.

Pour la salade de lentilles : lavez les lentilles à l'eau froide et plongez-les dans 3 fois leur volume d'eau salée. Ajoutez le laurier et portez à ébullition puis laissez mijoter à feu doux 20 minutes. Égouttez et versez dans un saladier. Ajoutez l'huile, le vinaigre, les échalotes hachées, la ciboulette ciselée et le saumon, mélangez bien. Laissez reposer au frais. Dégustez cette salade avec des crackers.

Pour la compote : épluchez et coupez en morceaux les pommes et la rhubarbe. Mettez le tout dans une casserole avec 1 fond d'eau et le sucre vanillé. Laissez cuire à couvert sur feu doux jusqu'à obtention de la compote. Vérifiez régulièrement qu'elle n'attache pas, sinon ajoutez un fond d'eau. Ajoutez du sucre si vous aimez la compote plus sucrée. Accompagnez la compote de petits-beurre.

Menu dolce vita

Préparation : 40 minutes • Cuisson : 20 minutes• Repos : 2 heures • Difficulté : ★ Budget : ★★

Pour 2 personnes

Tomates mozzarella
- **2 tomates**
- **125 g de mozzarella**
- **2 cuil. à café d'huile d'olive**
- **4 feuilles de basilic**
- **Sel et poivre**

Risotto aux champignons
- **120 g de riz arborio**
- **80 g de champignons de Paris**
- **1 échalote**
- **1 cuil. à soupe d'huile d'olive**
- **35 cl de bouillon de volaille**
- **3 cl de vin blanc**
- **10 g de beurre**
- **5 cl de crème fraîche épaisse**
- **20 g de parmesan râpé**
- **Sel et poivre**

Panna cotta
- **8 cl de lait**
- **15 cl de crème fleurette**
- **1 feuille de gélatine**
- **30 g de sucre**
- **1 cuil. à café de sucre vanillé**
- **2 cuil. à soupe de confiture de framboises**

Lavez les tomates puis coupez-les en tranches ainsi que la mozzarella. Hachez les feuilles de basilic. Alternez les tranches de tomate et de mozzarella, saupoudrez de basilic, salez, poivrez puis arrosez d'un filet d'huile d'olive.

Nettoyez les champignons et coupez-les en morceaux. Pelez l'échalote, hachez-les finement. Chauffez l'huile d'olive dans une sauteuse et faites-y revenir l'échalote sans la colorer pendant 5 minutes. Ajoutez le riz, mélangez bien et laissez cuire jusqu'à ce que le riz devienne translucide. Versez le vin, laissez cuire jusqu'à évaporation du liquide en mélangeant régulièrement. Versez 1 louche de bouillon, mélangez, laissez cuire sur feu doux jusqu'à ce que le liquide soit absorbé. Ajoutez une nouvelle louche de bouillon et continuez ainsi jusqu'à ce que le riz soit cuit, salez et poivrez. Mélangez les champignons au risotto, ajoutez la crème fraîche, le beurre et le parmesan.

Préparez les panna cotta : mélangez le lait et la crème, faites chauffer puis ajoutez la gélatine préalablement ramollie dans l'eau froide, le sucre et le sucre vanillé. Versez dans 2 verrines et laissez refroidir à température ambiante. Mettez au frais 2 heures puis déposez 1 cuil. à soupe de confiture sur chaque panna cotta.

Menu feuilleté au chèvre

Préparation : 30 minutes • Cuisson : 40 minutes • Difficulté : ★★ Budget : ★

Pour 2 personnes

Concombre à la crème
- ½ concombre
- 1 cuil. à soupe de crème fraîche épaisse allégée
- 6 brins de ciboulette
- Sel et poivre

Feuilleté tomate et chèvre
- 150 g de pâte feuilletée
- 1 jaune d'œuf
- 2 cuil. à soupe de pesto d'aubergine
- 1 tomate
- ½ bûchette de fromage de chèvre
- 2 feuilles de basilic
- 1 salade verte
- 2 cuil. à soupe d'huile d'olive
- 2 cuil. à café de vinaigre balsamique
- Sel et poivre

Cookies (20 petits)
- 100 g de beurre mou
- 160 g de sucre roux
- 2 sachets de sucre vanillé
- 1 œuf
- 200 g de farine
- ½ cuil. à café de bicarbonate de soude
- ½ cuil. à café de sel
- 160 g de pépites de chocolat

Pour le concombre : lavez le concombre et coupez-le en fines rondelles à l'aide d'une mandoline sans l'éplucher. Ajoutez la crème et la ciboulette ciselée. Poivrez mais ne salez qu'au moment de déjeuner sinon vous risquez que le concombre ne rende toute son eau.

Les feuilletés : coupez 2 rectangles de pâte feuilletée de 8 cm sur 12 cm. Badigeonnez les bords de jaune d'œuf dilué avec 1 cuil. à café d'eau. Coupez des bandes de 1,5 cm de large, déposez-les sur les 4 côtés du rectangle. Piquez le centre avec une fourchette. Étalez le pesto au centre, puis déposez dessus des rondelles de tomate alternées avec des rondelles de chèvre. Saupoudrez de basilic haché et mettez au four à 200 °C (th. 6-7) pendant 25 minutes. Nettoyez la salade et préparez une vinaigrette à déguster avec le feuilleté.

Pour les cookies, mélangez le beurre et les sucres à la fourchette. Ajoutez l'œuf, mélangez bien puis incorporez la farine mélangée au bicarbonate, aux pépites de chocolat et au sel. Formez des noix de pâte. Déposez-les sur une plaque de cuisson recouverte de papier de cuisson. Espacez-les bien, elles vont s'étaler. Mettez-les au four 20 minutes à 160°C (th. 5-6). Ne les faites pas cuire plus longtemps, ils sont mous à la sortie du four mais ils vont durcir en refroidissant. Attendez 10 minutes avant de les détacher de la plaque et conservez-les dans une boîte métallique.

Conseil : si vous ne trouvez pas de pesto d'aubergine, utilisez un pesto classique.

Menu japonais

Préparation : 1 h 30 • Cuisson : 30 minutes • Repos : 4 heures • Difficulté : ★★ Budget : ★★

Pour 2 personnes

Makis
- 250 g de riz rond
- 3 cuil. à soupe de vinaigre de riz
- 1 cuil. à café de sucre
- ½ avocat
- ¼ de concombre
- 40 g de filets de saumon
- 2 feuilles de nori
- Wasabi, sauce soja et sel

Poêlée de légumes
- 1 courgette (petite)
- ¼ de poivron rouge et ¼ de jaune
- 10 bouquets de brocolis (petits)
- 50 g d'haricots verts
- 1 cuil. à soupe de persil plat
- 1 cuil. à soupe d'huile d'arachide
- 1 cuil. à soupe de sauce soja
- Sel et poivre

Duo de poisson mi-cuit
- 100 g de filets de saumon
- 100 g de thon frais
- 1 cuil. à soupe de miel
- 2 cuil. à café de sauce soja
- 2 cuil. à soupe de sésame
- 1 cuil. à soupe d'huile d'arachide

10 financiers au thé matcha
- 60 g de beurre et 15 g de farine
- 60 g de poudre d'amandes
- 50 g de sucre glace
- 2 cuil. à café de thé matcha
- 2 blancs d'œufs

Faites cuire le riz dans une casserole avec 3 tasses d'eau. Laissez bouillir 5 minutes puis mettez à feu doux et couvrez jusqu'absorption complète de l'eau. Mélangez le vinaigre, le sucre et une pincée de sel et ajoutez-les au riz. Laissez refroidir. Formez 4 onigiris ou boulettes de riz puis utilisez le restant pour les makis.

Pour les makis : coupez le saumon, le concombre et l'avocat en bâtonnets. Disposez 1 feuille d'algue sur la natte puis étalez du riz sur un peu plus de la moitié de sa surface. Placez au centre du saumon, de l'avocat, du concombre et un peu de wasabi puis roulez le tout en vous aidant de la natte. Placez les rouleaux dans une boîte hermétique au réfrigérateur, 4 heures minimum. Coupez les rouleaux en tronçons de 1,5 cm d'épaisseur et servez accompagné de sauce soja.

Pour les légumes : coupez les légumes en morceaux. Faites chauffer l'huile dans un wok, jetez-y les légumes et faites-les cuire 10 minutes en les remuant régulièrement. Ajoutez la sauce soja, le persil, ajustez l'assaisonnement et laissez encore cuire 5 minutes, plus si vous préférez des légumes moins croquants.

Coupez les poissons en petits rectangles. Mélangez le miel et la sauce soja. Trempez une face de chaque morceau de poisson dans la sauce puis dans les graines de sésame. Chauffez l'huile dans une poêle et mettez le poisson à cuire côté sésame 1 minute.

Pour les financiers : faites fondre le beurre. Tamisez la poudre d'amandes, le sucre glace, la farine et le thé matcha. Ajoutez les blancs d'œufs et mélangez jusqu'à l'obtention d'une pâte homogène. Incorporez le beurre fondu. Remplissez les moules beurrés ou en silicone à l'aide d'une cuillère à soupe. Mettez au four pour 15 minutes à 180 °C (th. 6). Attendez 10 minutes et démoulez.

Menu light

Préparation : 45 minutes • Cuisson : 25 minutes • Difficulté : ★ Budget : ★

Pour 2 personnes

Dips
- ½ carotte
- ¼ de concombre
- ½ poivron rouge
- ½ poivron jaune
- 12 tomates cerise

Sauce
- 100 g de fromage blanc à 0 % de matière grasse
- 2 cuil. à café de crème fraîche épaisse allégée
- Ail en poudre
- 1 cuil. à café de moutarde
- ½ cuil. à café de ciboulette
- Sel

Flan de courgette
- ½ courgette
- 1 œuf
- 1 cuil. à café de Maïzena
- 10 cl de crème liquide allégée
- 1 cuil. à café de parmesan
- 4 feuilles de basilic
- 6 feuilles de salade verte
- Sel et poivre

Smoothie vitaminé
- 2 tranches d'ananas
- 2 oranges
- 1 citron
- 1 pomme
- 6 framboises

Pour la sauce, mélangez tous les ingrédients et placez-les dans un petit pot. Épluchez la carotte et coupez-la en bâtonnets, coupez également le concombre et les poivrons sans les éplucher. Lavez les tomates.

Pour les flans, lavez la courgette, coupez-la en dés. Mélangez la crème, la Maïzena et l'œuf, ajoutez le basilic haché, le parmesan, les dés de courgette, salez et poivrez. Versez la préparation dans des moules à muffins en silicone et mettez au four pour 25 minutes à 180 °C (th. 6). À la sortie du four, attendez que les flans aient refroidi pour les démouler et placez-les au frais. Placez-les dans le bento sur un lit de salade. Vous pouvez accompagner les flans d'un coulis de tomates légèrement épicé.

Pour le smoothie, coupez l'ananas et la pomme en morceaux. Pressez les oranges et le citron, placez ce jus dans le blender avec les morceaux de fruits et mixez jusqu'à l'obtention d'un mélange homogène. Versez la préparation dans une bouteille ou une boîte hermétique, accompagnez-la d'une brochette de framboises.

Conseil : pour profiter des vitamines, ne préparez pas le smoothie trop à l'avance et réservez-le bien au frais.

Menu méditerranéen

Préparation : 30 minutes • Cuisson : 30 minutes • Difficulté : ★ Budget : ★

Pour 2 personnes

Cake aux saveurs du sud (pour 4 personnes)

- 140 g de farine
- 1 cuil. à café de levure
- 2 œufs
- 6 cl de lait
- 5 cl d'huile de tournesol
- 80 g de cœurs d'artichaut marinés
- 60 g d'olives noires dénoyautées
- 3 tomates séchées
- 1 cuil. à café d'origan
- Sel et poivre

Salade grecque

- 2 tomates
- ½ concombre
- ½ oignon rouge
- 10 olives noires
- 100 g de feta marinée dans l'huile d'olive
- 1 cuil. à soupe d'huile d'olive
- 1 cuil. à soupe de jus de citron
- 4 feuilles de basilic
- Sel et poivre

Yaourt au miel et fruits secs

- 2 yaourts grecs
- 2 cuil. à soupe de fruits secs entiers
- 2 cuil. à soupe de miel

Pour le cake, mélangez les œufs avec la farine, la levure, l'huile, le sel et le poivre. Ajoutez le lait tiédi et mélangez bien. Ajoutez les fonds d'artichaut, les tomates coupées en morceaux, les olives et l'origan. Versez la préparation dans un moule à cake préalablement beurré ou un moule en silicone. Mettez au four pour 30 minutes à 180 °C (th. 6). Attendez 10 minutes, démoulez et laissez refroidir sur une grille.

Pour la salade, coupez les tomates et concombre en dés, émincez l'oignon. Mélangez le tout avec les olives, la feta. Ajoutez l'huile, le jus de citron, salez et poivrez. Ciselez les feuilles de basilic, ajoutez-les et mélangez bien.

Pour le yaourt, mélangez-le au miel et déposez les fruits secs dessus.

Menu oriental

Préparation : 1 heure • Cuisson : 40 minutes • Difficulté : ★★ Budget : ★

Pour 2 personnes

Carottes au cumin

- 2 carottes
- 2 cuil. à soupe d'huile d'olive
- 1 gousse d'ail
- ½ cuil. à café de cumin en poudre
- ½ cuil. à café de graines de cumin
- Sel

Keftas

- 250 g de viande de bœuf hachée
- 1 jaune d'œuf
- ½ oignon
- 1 gousse d'ail
- ½ cuil. à café de cumin en poudre
- 1 cuil. à soupe de coriandre moulue
- 1 cuil. à soupe d'huile d'olive
- Sel et poivre

Fondue de poivron

- ½ poivron rouge
- ½ poivron vert
- 1 oignon
- 1 tomate
- ½ cuil. à café de cumin en poudre
- 1 cuil. à soupe d'huile d'olive
- Sel
- 80 g de semoule
- 1 cuil. à soupe de raisins secs

- 1 pâtisserie orientale

Pour les carottes : épluchez et coupez les carottes en rondelles et faites-les cuire 30 minutes dans de l'eau bouillante. Égouttez-les bien, arrosez-les d'huile d'olive. Ajoutez l'ail finement haché, le cumin en poudre et les graines, salez. Laissez refroidir.

Pour les keftas : hachez finement l'oignon et l'ail et la coriandre. Ajoutez à la viande hachée tous les ingrédients sauf l'huile, salez, poivrez et mélangez le tout. Formez des boulettes allongées sur des piques en bois. Mettez les keftas à griller dans l'huile d'olive.

Pour la fondue de poivrons : émincez l'oignon et faites-le blondir dans de l'huile d'olive. Pendant ce temps, épépinez les poivrons et coupez-les en lamelles, ajoutez-les à l'oignon. Salez, ajoutez un fond d'eau et laissez mijoter à couvert 15 à 20 minutes. Ajoutez la tomate coupée en dés et le cumin. Laissez cuire à découvert jusqu'à ce qu'il n'y ait plus beaucoup de liquide.

Mettez la semoule dans un saladier et couvrez-la d'eau bouillante, juste à hauteur. Laissez gonfler puis ajoutez l'huile, une pincée de sel et mélangez bien afin de détacher tous les grains. Ajoutez les raisins secs.

Pour le dessert, ajoutez une pâtisserie orientale.

Menu papillon

Préparation : 1 heure • Repos : 1 heure • Difficulté : ★ Budget : ★

Pour 2 personnes

- **60 g de riz**
- **100 g d'haricots verts**
- **1 carotte**
- **2 cuil. à café d'huile d'olive**
- **1 cuil. à café de vinaigre blanc**
- **2 tranches de jambon de dinde**
- **2 tomates cerise**
- **1 tranche de mimolette**
- **Sel**

Sushis sucrés

- **50 g de riz rond**
- **2 crêpes**
- **25 cl de lait**
- **1 sachet de sucre vanillé**
- **50 g de chocolat blanc**
- **1 cuil. à café de confiture**
- **4 abricots secs**
- **10 fraises séchées**

Mettez le riz à cuire dans de l'eau salée bouillante assez longtemps pour qu'il soit légèrement collant.

Faites cuire les haricots verts à la vapeur et placez-les au milieu de chaque bento. Râpez les carottes et placez-les de chaque côté des haricots verts. Faites une vinaigrette avec l'huile, le vinaigre et le sel, versez-la sur les légumes.

Formez 2 boulettes allongées de riz et placez-les sur les haricots verts. Coupez des ailes dans le jambon de dinde et découpez à l'aide d'emporte-pièce de petites fleurs dans le fromage et les chutes de jambon. Placez la tomate cerise comme tête et réalisez les yeux et la bouche.

Pour les sushis : mettez le riz dans une casserole et recouvrez-le d'eau. Portez à ébullition et laissez cuire 3 minutes puis égouttez et rincez-le à l'eau froide. Placez le riz dans une casserole avec le lait et le sucre vanillé. Laissez cuire à feu doux en mélangeant régulièrement jusqu'à absorption du lait (20 à 25 minutes). Ajoutez le chocolat blanc, mélangez jusqu'à ce qu'il soit totalement fondu puis laissez refroidir.

Taillez les crêpes en carré. Placez la crêpe sur du film alimentaire, recouvrez les 2/3 de riz. Coupez les abricots et les fraises dans le sens de la longueur et déposez-les en ligne au milieu du riz en les superposant. Roulez la crêpe en serrant sans la déchirer. Badigeonnez de confiture la bande de crêpe sans riz pour qu'elle colle et évitez qu'elle ne se déroule. Laissez reposer 1 heure au frais enveloppé du film alimentaire puis coupez en tronçons de 2 à 2,5 cm d'épaisseur.

Menu petit poussin

Préparation : 30 minutes • Cuisson : 15 minutes • Difficulté : ★ Budget : ★

Pour 1 enfant

Entrée
- 1 tranche de jambon de dinde
- 30 g de St-Morêt
- 5 tomates cerise

Plat
- 1 œuf
- 20 g de pâtes (tricolores)
- 1 cuil. à café d'huile de tournesol
- ¼ de carotte
- ¼ de concombre
- Graines de nigelle ou de sésame
- Sel

Dessert
- 1 Babybel
- 2 biscuits sablés (tartelettes aux fraises)

Étalez le fromage sur la tranche de jambon, roulez-la et coupez-la en tronçons. Accompagnez-les de tomates cerise.

Faites cuire l'œuf pendant 10 minutes dans l'eau bouillante pour qu'il soit dur, laissez-le refroidir et retirez la coquille. Créez une crête et un bec avec des petits morceaux de carotte et les yeux avec 2 graines de nigelle ou de sésame.

Faites cuire les pâtes, égouttez-les et rincez-les à l'eau froide pour arrêter la cuisson. Arrosez-les d'huile et salez.

Épluchez la carotte et le concombre, coupez 6 rondelles de chaque assez fines et avec un emporte-pièce, découpez de petites fleurs. Déposez-les sur les pâtes.

Et pour finir, prenez un Babybel et 2 tartelettes aux fraises.

Menu pique-nique

Préparation : 1 heure • Cuisson : 40 minutes • Difficulté : ★ Budget : ★

Pour 2 personnes

Taboulé vitaminé
- **70 g de semoule**
- **4 tomates cerise**
- **½ oignon**
- **4 feuilles de menthe**
- **3 branches de persil**
- **¼ de poivron vert**
- **Le jus de ½ citron**
- **3 cuil. à soupe d'huile d'olive**
- **Sel et poivre**

Quiche au thon (pour 4 personnes)
- **1 pâte feuilletée**
- **300 g de thon au naturel en boîte**
- **1 cuil. à soupe de mayonnaise**
- **2 échalotes**
- **3 œufs**
- **18 cl de crème liquide**
- **1 cuil. à soupe de persil haché**
- **50 g de gruyère râpé**
- **1 tomate**
- **Mâche**
- **Sel et poivre**

Pommes au four
- **2 pommes**
- **Beurre**
- **1 cuil. à soupe de sucre roux**

Pour le taboulé : placez la semoule dans un saladier, couvrez d'eau bouillante. Laissez-la gonfler puis ajoutez l'huile, le jus de citron puis l'oignon, les tomates et le poivron finement taillés. Hachez finement le persil et la menthe, ajoutez le tout à la semoule. Salez, poivrez et réservez au frais 2 heures minimum.

Pour la quiche : égouttez le thon, émiettez-le et mélangez-le à la mayonnaise. Épluchez et hachez les échalotes, ajoutez-les au thon. Fouettez les œufs et la crème, versez le tout sur le thon, ajoutez le fromage, salez et poivrez légèrement. Placez la pâte dans une tourtière de 22 cm de diamètre, piquez le fond avec une fourchette et versez cette préparation. Coupez la tomate en rondelles et déposez-les sur la tarte. Mettez au four 30 à 35 minutes à 180 °C (th. 6). Une fois refroidie, placez-la dans le bento accompagnée de mâche.

Pour les pommes : à l'aide d'un vide-pomme, retirez le centre des pommes, placez-les dans un plat allant au four. Versez le sucre au centre et déposez une noisette de beurre. Mettez au four 20 à 30 minutes selon le type de pomme.

Menu déjeuner sur l'herbe

Préparation : 1 heure • Cuisson : 45 minutes • Difficulté : ★ Budget : ★

Pour 2 personnes

Pain de thon

- 240 g de thon au naturel en boîte
- 60 g de fromage blanc
- 3 œufs
- 40 g de farine
- 1 cuil. à soupe de ciboulette
- 2 échalotes
- 1 cuil. à soupe de ketchup
- Sel et poivre

Poulet rôti et ratatouille croquante

- 2 cuisses de poulet (rôties)
- ½ courgette
- ½ aubergine
- ¼ de poivron rouge
- 1 tomate
- 1 cuil. à soupe d'huile d'olive
- ½ cuil. à café de vinaigre balsamique
- 4 feuilles de basilic
- 2 gousses d'ail
- Chips (gaufrettes)
- Sel et poivre

Muffins aux myrtilles

- 60 g de beurre
- 100 g de sucre
- 1 sachet de sucre vanillé
- 1 œuf
- 150 g de farine
- ½ cuil. à café de levure
- 5 cl de lait
- 60 g de myrtilles surgelées

Pour le pain de thon, égouttez le thon, travaillez-le à la fourchette. Ajoutez le fromage blanc, les œufs, la farine, les échalotes et la ciboulette hachées. Salez, poivrez puis versez la préparation dans un petit moule à cake beurré (petit moule jetable en aluminium). Mettez au four pour 45 minutes à 180 °C (th. 6). À la sortie du four, attendez 10 minutes puis démoulez sur une grille. Accompagnez de ketchup.

Pour la ratatouille croquante : lavez les légumes et coupez la courgette, l'aubergine et le poivron en petits dés. Faites-les revenir 5 minutes dans l'huile d'olive sans les faire colorer. Ajoutez l'ail haché puis laissez refroidir. Ajoutez la tomate épépinée coupée en dés, le vinaigre et le basilic haché, salez, poivrez et mélangez le tout. Réservez au frais. Accompagnez du poulet rôti et de quelques chips.

Fouettez le beurre pommade avec les sucres jusqu'à l'obtention d'un mélange onctueux. Ajoutez l'œuf puis la farine mélangée à la levure en alternance avec le lait, mélangez bien. Ajoutez les myrtilles surgelées. Remplissez 6 moules à muffin garnis de caissettes en papier aux deux tiers et mettez au four pour 20 minutes à 180 °C (th. 6). Laissez refroidir sur une grille.

Menu poulet croustillant

Préparation : 45 minutes • Cuisson : 20 minutes • Difficulté : ★ Budget : ★

Pour 2 personnes

- **½ melon**

Escalopes panées et pâtes aux légumes
- **120 g de tortellini**
- **¼ poivron vert**
- **1 tomate**
- **¼ concombre**
- **Basilic**
- **1 cuil. à soupe d'huile d'olive**
- **1 cuil. à café de vinaigrette**
- **Sel et poivre**
- **2 escalopes de poulet**
- **1 jaune d'œuf**
- **3 cuil. à soupe de chapelure**
- **½ cuil. à soupe de margarine**

Salade verte
- **6 feuilles de salades vertes**
- **Mimolette**
- **2 cuil. à café d'huile d'olive**
- **1 cuil. à café de vinaigrette**
- **Sel et poivre**

Coupez le melon en dés.

Mettez les pâtes à cuire dans de l'eau bouillante salée, de façon à ce qu'elles soient al dente, égouttez-les et refroidissez-les en les passant sous l'eau froide. Laissez égoutter et arrosez-les d'huile et de vinaigre, salez et poivrez. Coupez les légumes en brunoise (petits cubes) et ajoutez-les aux pâtes ainsi que du basilic haché, salez et poivrez.

Badigeonnez les escalopes de jaune d'œuf puis passez-les dans la chapelure. Faites fondre la margarine dans une poêle et mettez les escalopes à dorer sur feu moyen. Attention à ne pas brûler la chapelure ! Déposez les pâtes dans le bento et placez les escalopes coupées en lamelles.

Préparez une vinaigrette pour accompagner la salade mais ne la versez qu'au moment du repas. À déguster avec le fromage.

Menu printanier

Préparation : 1 heure • Cuisson : 40 minutes • Difficulté : ★★ Budget : ★

Pour 2 personnes

- **½ melon**
- **4 tranches de jambon cru**

Tarte à la ricotta et aux herbes (pour 4 personnes)
- **1 pâte brisée**
- **500 g de ricotta**
- **10 cl de crème liquide**
- **3 œufs**
- **1 citron**
- **1 cuil. à soupe de ciboulette hachée**
- **1 cuil. à soupe de persil haché**
- **Roquette**
- **10 tomates cerise**
- **Sel et poivre**

Riz au lait au caramel
- **50 g de riz rond**
- **25 cl de lait**
- **20 g de sucre**
- **1 gousse de vanille**

Taillez le melon en quartiers et entourez-les d'une demi-tranche de jambon cru.

Pour la tarte : étalez la pâte et placez-la dans un moule carré de 20 cm de côté haut de 3 cm, recouvert de papier sulfurisé. Piquez le fond avec une fourchette et replacez le moule au frais. Mélangez le fromage et la crème. Ajoutez les œufs un à un, le zeste du citron, 3 cuil. à soupe de jus de citron et les herbes. Salez modérément et poivrez. Versez ce mélange sur la pâte à ras bord. Mettez au four à 160 °C (th. 6) pendant 45 minutes puis laissez refroidir dans le four éteint. Placez au frais 4 heures minimum. Servez accompagné d'une salade de roquette et des tomates cerise.

Pour le riz au lait : lavez le riz à l'eau froide, égouttez-le bien et faites-le blanchir 3 minutes dans l'eau bouillante. Égouttez-le à nouveau et faites-le cuire à feu doux et à couvert dans le lait bouillant avec le sucre et la gousse de vanille fendue en deux, pendant 20 à 30 minutes. Le riz doit être cuit et il ne doit plus rester beaucoup de liquide. Versez-le dans de petits pots et nappez de sauce caramel.

Menu salade de blé

Préparation : 45 minutes • Cuisson : 40 minutes • Difficulté : ★ Budget : ★★

Pour 2 personnes

Poireaux vinaigrette

- 6 blancs de poireau
- 1 échalote
- 1 cuil. à soupe d'huile de tournesol
- ½ cuil. à soupe de vinaigre blanc
- 1 cuil. à café de moutarde
- 6 brins de ciboulette
- Sel et poivre

Salade de blé

- 100 g de blé
- 1 oignon
- ½ poivron vert
- 3 tomates séchées
- 1 dose de safran en poudre
- 120 g de chorizo
- ½ cuil. à café de basilic
- 2 cuil. à soupe d'huile d'olive
- ½ cuil. à soupe de vinaigre blanc
- Sel et poivre

Yaourt à boire aux framboises

- 1 yaourt nature
- 4 cl de lait
- 60 g de framboises
- 1 cuil. à café de sucre de canne

Pour les poireaux : lavez soigneusement les blancs de poireau et mettez-les à cuire dans un faitout avec un fond d'eau 20 minutes, puis égouttez-les. Fouettez ensemble l'huile, le vinaigre et la moutarde. Ajoutez l'échalote hachée, la ciboulette ciselée, salez et poivrez. Placez les poireaux dans le bento et arrosez-les de vinaigrette.

Pour la salade : hachez l'oignon et faites-le revenir doucement dans 1 cuil. à soupe d'huile d'olive. Lorsqu'il commence à dorer, ajoutez le blé et versez 25 cl d'eau. Mélangez, ajoutez le safran, le basilic, salez légèrement et poivrez. Laissez cuire à feu doux en mélangeant régulièrement jusqu'à l'absorption de l'eau. Ajoutez le poivron, coupez en petits dés, les tomates et le chorizo, coupez en morceaux. Mélangez et laissez encore cuire 2 minutes. Laissez refroidir, ajoutez l'huile, le vinaigre et ajustez l'assaisonnement.

Pour le yaourt : placez tout les ingrédients dans un blender et mixez. Versez le yaourt dans une petite bouteille.

Menu salade de mâche

Préparation : 1 heure • Cuisson : 40 minutes • Difficulté : ★ Budget : ★★★

Pour 2 personnes

Brick au thon

- 4 feuilles de brick
- 160 g de thon au naturel en boîte
- 100 g de St Morêt
- 1 oignon
- 2 cuil. à soupe de ciboulette
- 2 cuil. à soupe d'huile d'olive

Salade de mâche

- 150 g de mâche
- ½ betterave cuite
- ½ oignon rouge
- 2 pommes de terre
- 4 œufs
- 2 cuil. à soupe d'huile d'olive
- 1 cuil. à soupe de vinaigre balsamique
- Ciboulette
- Sel et poivre

Clafoutis aux framboises

- 100 g de framboises
- 1 œuf
- 8 cl de crème liquide
- 20 g de Maïzena
- 7 cl de lait
- 30 g de sucre
- 1 sachet de sucre vanillé
- Sel

Pour les bricks : mélangez le thon et le fromage, ajoutez l'oignon haché et la ciboulette ciselée. Placez ¼ de la préparation sur le bord d'une feuille de brick, roulez la feuille sur la farce en rabattant les côtés pour fermer les extrémités. Laissez ce rouleau posé du côté de l'ouverture. Réalisez les 4 rouleaux puis faites chauffer l'huile dans une poêle et mettez les bricks à dorer sur toutes les faces. Posez-les ensuite sur du papier absorbant afin qu'il absorbe l'excès d'huile.

Pour la salade : épluchez et faites cuire les pommes de terre à la vapeur. Nettoyez la mâche, retirez les petites racines, lavez et séchez-la délicatement. Émincez l'oignon rouge, coupez la betterave en tranches puis en quatre. Faites cuire les œufs 6 minutes dans une casserole d'eau bouillante. Plongez-les dans l'eau froide pour stopper la cuisson. Une fois froids, retirez les coquilles.

Placez la salade dans le bento : répartissez les pommes de terre coupées en rondelles, les betteraves et l'oignon, placez un œuf mollet ouvert en deux. Réalisez une vinaigrette que vous verserez sur la salade au moment de déjeuner. Émincez et ajoutez la ciboulette.

Pour le clafoutis, mélangez la maïzena et les sucres. Une fois que le mélange est bien homogène, ajoutez une pincée de sel et l'œuf. Versez progressivement le lait et la crème. Vous devez obtenir une pâte assez liquide et sans grumeaux. Disposez les framboises au fond des ramequins beurrés et versez dessus la préparation. Mettez au four pour 30 minutes à 180 °C (th. 6). Laissez refroidir puis placez au frais.

Menu saumon

Préparation : 40 minutes • Cuisson : 20 minutes • Difficulté : ★ Budget : ★★

Pour 2 personnes

Salade océane

- 1 sachet de roquette
- 1 pamplemousse rose
- 12 crevettes roses
- 2 saumon fumé
- 2 cuil. à soupe d'huile d'olive
- 1 cuil. à soupe de vinaigre de framboise
- 1 cuil. à café de baies roses
- Sel

Saumon aux tagliatelle de courgette

- 2 pavés de saumon
- 1 courgette
- 100 g de riz
- ½ citron
- 1 cuil. à soupe de sauce soja
- 1 cuil. à soupe de crème liquide allégée
- 1 cuil. à soupe de basilic haché
- 1 cube de bouillon
- Sel et poivre

- 200 g de faisselle
- 6 madeleines

Pour la salade : décortiquez les crevettes, épluchez le pamplemousse à vif, coupez le saumon en lanières. Placez la roquette dans le bento, répartissez les crevettes, le pamplemousse, le saumon et les baies. Faites une vinaigrette avec l'huile d'olive, le vinaigre de framboise, salez et versez le tout dans un petit flacon. Arrosez la salade de vinaigrette au moment de déjeuner.

Lavez et coupez la courgettes en lamelles avec un couteau économe. Plongez-les 1 minute dans une casserole d'eau bouillante contenant le bouillon cube puis laissez-les égoutter. Conservez l'eau de cuisson et mettez le riz à cuire. Placez les pavés de saumon sur une grande feuille de papier sulfurisé mise sur un grand plat creux pour éviter que les ingrédients ne coulent. Arrosez-les de sauce soja, de crème, du jus de citron, saupoudrez de basilic, salez et poivrez. Fermez la papillote et mettez le saumon à cuire 20 minutes à 200 °C (th. 6-7). Dressez le bento en plaçant une part de riz, une de tagliatelle de courgette et un pavé de saumon. Arrosez le tout de la sauce restante de la papillote.

En dessert, servez de la faisselle, sucrée ou pas, accompagnée de madeleines.

Menu scandinave

Préparation : 30 minutes • Cuisson : 15 minutes • Difficulté : ★ Budget : ★★

Pour 2 personnes

- **20 radis**

Pour la salade de pommes de terre à l'aneth

- **200 g de pommes de terre**
- **1 cuil. à soupe de crème fraîche épaisse**
- **1 cuil. à soupe de yaourt nature**
- **1 cuil. à café de moutarde**
- **1 citron**
- **1 cuil. à soupe d'aneth**
- **Sel et poivre**

- **4 tranches de saumon fumé**
- **Graines germées**
- **4 tranches de pains suédois**
- **200 g de framboises**

Épluchez et mettez les pommes de terre à cuire à l'eau. Égouttez-les, coupez-les en dés. Mélangez le yaourt, la crème, la moutarde et une cuil. à soupe de citron. Hachez finement l'aneth, ajoutez-le à la sauce, salez et poivrez. Mélangez la sauce aux pommes de terre.

Présentez la salade de pommes de terre avec 2 tranches de saumon fumé et accompagnée de graines germées et de pain suédois.

En dessert, ajoutez quelques framboises.

Menu tapas

Préparation : 25 minute • Cuisson : 1 h 30 • Difficulté : ★ Budget : ★★

Pour 2 personnes

- 1 pizza trois fromages (petite)
- 100 g de cœurs d'artichaut surgelés
- 3 cuil. à soupe d'huile d'olive
- ½ cuil. à café de basilic
- 1 gousse d'ail
- 8 tranches de viande des Grisons
- Sel et poivre

Poivron mariné à la feta

- 1 poivron rouge
- 1 cuil. à soupe d'huile d'olive
- 1 gousse d'ail
- ½ cuil. à café de persil haché
- 2 cuil. à café de vinaigre balsamique
- 12 cubes de feta

Tomates cerise farcies

- 10 tomates cerise
- 30 g de thon au naturel en boîte
- 1 cuil. à café de mayonnaise
- 3 brins de ciboulette

Bouchons à la pistache (pour 15 bouchons)

- 50 g de beurre
- 60 g de sucre
- 1 œuf
- 60 g de farine
- 1 cuil. à café de levure
- 1 cuil. à soupe de pistaches

Mettez la pizza à cuire puis coupez-la en morceaux.

Pour les cœurs d'artichaut : plongez les cœurs d'artichaut 10 minutes dans de l'eau salée bouillante. Égouttez-les, placez les dans un saladier. Ajoutez le basilic, l'ail finement haché, salez, poivrez et mélangez bien en faisant attention de ne pas abîmer les cœurs d'artichaut. Arrosez le tout d'huile d'olive, couvrez de film alimentaire et laissez reposer au frais 24 heures minimum. Accompagnez de tranches de viande des Grisons.

Pour le poivron : lavez-le, coupez-le en quatre et épépinez-le. Placez les morceaux sur une plaque de cuisson, peau vers le haut, et passez-les sous le gril de votre four jusqu'à ce que la peau commence à noircir. Sortez-les du four et enfermez-les dans un sac de congélation 15 minutes. Sortez-les du sachet, épluchez-les et coupez-les en lamelles de ½ cm de large. Placez-les dans une assiette creuse, versez l'huile d'olive, de vinaigre et saupoudrez l'ail finement haché et le persil. Salez et poivrez. Recouvrez l'assiette de film alimentaire et laissez au réfrigérateur 2 heures. Enroulez chaque cube de feta d'une lanière de poivron et maintenez le tout avec un cure-dent.

Pour les tomates : travaillez à la fourchette le thon, la mayonnaise et la ciboulette ciselée. Coupez le chapeau des tomates, évidez-les délicatement et remplissez-les de farce. Recouvrez les tomates.

Pour les bouchons : fouettez le beurre pommade avec le sucre jusqu'à l'obtention d'un mélange onctueux. Ajoutez l'œuf puis la farine mélangée à la levure et aux pistaches hachées finement, mélangez bien. Remplissez aux deux tiers 15 moules à mini muffins beurrés ou en silicone et mettez au four pour 15 minutes à 180 °C (th. 6). Laissez refroidir sur une grille.

Menu tartare de saumon

Préparation : 30 minutes • Cuisson : 20 minutes • Difficulté : ★ Budget : ★★

Pour 2 personnes

Soupe fraîche de concombre
- ½ concombre
- 200 g de fromage blanc
- 5 feuilles de menthe
- ½ gousse d'ail
- Sel et poivre

Tartare de saumon et brocolis vapeur
- 200 g de saumon
- ½ avocat
- 1 échalote
- 5 brins de ciboulette
- 1 cuil. à café de sauce soja
- 1 cuil. à café de jus de citron
- 1 cuil. à soupe d'huile d'olive
- 200 g de brocolis
- Sel et poivre

Poires aux épices
- 2 poires
- 1 sachet de sucre vanillé
- 1 pincée de noix de muscade en poudre
- 1 pincée de cannelle en poudre
- 1 étoile de badiane
- 2 cuil. à café de miel

Pour la soupe de concombre : épluchez partiellement le concombre, retirez les pépins et coupez-le en dés. Lavez la menthe, placez la dans bol mixeur avec le concombre, le fromage blanc et l'ail. Mixez le tout, salez et poivrez. Réservez au frais.

Détachez les bouquets de brocolis, lavez-les et mettez-les à cuire 10 minutes à la vapeur. Coupez le saumon en petits dés ainsi que l'avocat, hachez finement l'échalote et la ciboulette, mélangez le tout. Ajoutez la sauce soja, le jus de citron et l'huile, salez et poivrez.

Pour les poires : portez 30 cl d'eau avec le sucre, le miel et les épices. Pelez les poires en conservant leur queue et plongez-les dans le sirop, couvrez et laissez cuire 20 minutes en les retournant à mi-cuisson si elles ne sont pas totalement immergées. Les poires doivent être tendres mais surtout pas trop cuites. Laissez refroidir. Accompagnez de crêpes Gavotte.

Menu tex mex

Préparation : 1 heure • Cuisson : 40 minutes • Difficulté : ★ Budget : ★★

Pour 2 personnes

Guacamole

- 1 avocat
- 1 cuil. à soupe de crème fraîche épaisse
- Le jus de ½ citron
- 2 petits oignons blancs en bocal
- ½ cuil. à café de Tabasco
- ½ poivron rouge
- 1 poignée de tortilla chips
- Sel

Salade de haricots rouges

- 200 g d'haricots rouges en boîte
- ½ poivron rouge
- 1 tomate
- 100 g de maïs en boîte
- 80 g de petits pois
- Le jus de ½ citron
- 1 gousse d'ail
- 1 cuil. à café de coriandre moulue
- 1 pincée de chili en poudre
- 2 cuil. à soupe d'huile de tournesol
- 8 pignons de poulet épicés
- Sel et poivre

Crème au citron

- 25 cl de lait entier
- 2 œufs
- ½ citron
- 60 g de sucre

Pour le guacamole : placez la chair de l'avocat, les oignons émincés, la crème, le jus de citron dans un bol mixeur et mixez jusqu'à obtention d'une purée fine. Ajoutez le tabasco à votre goût, salez. Dégustez avec le poivron coupé en petits dés et les tortillas.

Pour la salade : coupez le poivron et la tomate en petits dés. Mélangez-les aux haricots, aux petits pois et au maïs. Arrosez de jus de citron et d'huile. Ajoutez l'ail haché, la coriandre, le chili en poudre, salez et poivrez. Accompagnez la salade de haricots rouges et de poulet épicé.

Pour la crème : faites bouillir le lait. Fouettez les œufs avec le sucre, ajoutez le zeste du citron et 2 cuil. à soupe de jus de citron. Versez le lait chaud, mélangez et versez la crème dans 2 ramequins. Mettez à cuire pour 40 minutes à 160 °C (th. 5) dans un bain-marie. À la sortie du four, laissez refroidir et placez au frais 4 heures.

Menu tout cru

Préparation : 40 minutes • Difficulté : ★ Budget : ★

Pour 2 personnes

Gaspacho

- 2 tomates
- ¼ de concombre
- ¼ de poivron rouge
- ¼ de poivron vert
- 1 gousse d'ail
- ½ oignon
- 1 tranche de pain de mie
- 1 cuil. à soupe d'huile d'olive
- 1 cuil. à soupe de sauce soja
- Piment de Cayenne
- Sel et poivre

Wraps

- 4 galettes de blé pour wraps
- 4 tranches de blancs de poulet
- 1 laitue
- 1 carotte
- ¼ de concombre
- ½ avocat
- 60 g de cheddar

Salade de fruits

- 1 kiwi
- 80 g de framboises
- 1 pêche
- 10 grains de raisin blanc
- Le jus de ½ orange

Pour le gaspacho : lavez les légumes et coupez-les en petits morceaux. Faites tremper la mie de pain dans 20 cl d'eau avec la sauce soja et l'huile, mélangez bien. Placez les deux tiers des légumes dans le blender avec l'ail, l'oignon, ajoutez le mélange de mie de pain, une pointe de piment, salez et poivrez. Mixez jusqu'à l'obtention d'une soupe homogène, ajustez l'assaisonnement. Versez le gaspacho dans un bocal hermétique et ajoutez le restant de légumes coupés finement. Réservez au frais.

Pour les wraps : épluchez la carotte, le concombre et l'avocat, coupez-les en bâtonnets. Lavez et effeuillez la salade. Coupez le fromage en lamelles. Disposez une galette sur une assiette, déposez-y une feuille de laitue puis 1 tranche de blanc de poulet, quelques lamelles de légumes et de fromage. Roulez la galette en rabattant les bords afin d'obtenir un rouleau fermé de chaque côté. Coupez le wraps en biais en son milieu. Aidez-vous d'un cure-dents pour maintenir le wraps roulé. Servez les wraps accompagnés de sauce de soja ou de sauce aigre-douce.

Épluchez le kiwi, coupez-le en dés. Lavez les autres fruits, coupez la pêche puis mélangez tous les fruits et arrosez-les du jus d'orange. Réservez au frais.

Menu tout simple

Préparation : 1 heure • Cuisson : 15 minutes • Difficulté : ★ Budget : ★

Pour 2 personnes

Pour la salade de chou rouge

- 150 g de chou rouge râpé
- 1 pomme
- ½ citron
- 20 g de raisins secs
- 2 cuil. à soupe d'huile de noix
- 1 cuil. à soupe de vinaigre
- Sel et poivre

Pour le rôti de porc et la salade de pommes de terre

- 6 tranches de rôti de porc
- 250 g de pommes de terre
- 1 tomate
- 80 g de maïs en boîte
- 2 cuil. à soupe d'huile d'olive
- 2 cuil. à café de vinaigre balsamique
- 1 cuil. à soupe de ciboulette hachée
- 1 échalote
- Sel et poivre

- 8 tranches de cakes
- 8 fraises

Dans un saladier, mélangez l'huile de noix, le vinaigre, 1 cuil. à soupe de jus de citron, salez et poivrez. Ajoutez le chou, la pommes coupées en dés et les raisins secs. Mélangez le tout soigneusement et réservez au frais 1 heure.

Épluchez et faites cuire les pommes de terre, coupez-les en dés. Sans attendre qu'elles ne refroidissent, arrosez-les d'huile et de vinaigre, ajoutez la ciboulette, le maïs, l'échalote hachée, salez et poivrez. Lavez la tomate et coupez-la en lamelles. Placez dans le bento la salade de chou rouge et celle de pommes de terre en les séparant avec les tranches de rôti de porc alternées avec les tranches de tomate.

Lavez les fraises sous le robinet d'eau (ne les trempez pas dans l'eau), séchez-les dans du papier absorbant, ne les équeutez pas. Accompagnez-les de tranches de cake.

Menu végétarien

Préparation : 1 heure • Cuisson : 20 minutes • Difficulté : ★ Budget : ★

Pour 2 personnes

Caviar d'aubergine
- 1 aubergine
- 2 gousses d'ail
- 3 olives noires
- 1 cuil. à café de concentré de tomate
- 1 cuil. à soupe d'huile d'olive
- 1 cuil. à soupe de jus de citron
- Thym
- Sel et poivre

Crackers
- 150 g de farine T65
- 50 g de farine complète
- 50 g de graines de sésame, de courge, de tournesol
- 60 g de beurre
- 8 cl de lait
- 1 cuil. de fleur de sel

Salade de tofu et quinoa
- 50 g de quinoa
- 50 g de boulgour
- ¼ de poivron rouge
- ¼ de poivron jaune
- 50 g de tofu
- 1 branche de persil
- 1 cuil. à café de sauce soja
- 1 cuil. à soupe d'huile d'olive
- Sel et poivre

Crème chocolat au lait de soja
- 1 cuil. à café de Maïzena
- 25 g cacao en poudre
- 50 g sucre
- 1 sachet de sucre vanillé

Coupez l'aubergine en deux, placez-la sur une plaque de cuisson, incisez-la de grandes croix. Saupoudrez de thym et d'ail coupé en dés. Arrosez-la d'huile d'olive, salez, poivrez, placez dans un four à 200 °C (th. 6-7) pendant 40 minutes. Quand l'aubergine est cuite, récupérez la chair et placez la dans le bol du mixeur. Ajoutez les olives dénoyautées, le jus de citron et le concentré de tomate et mixez le tout afin d'obtenir une purée. Rectifiez l'assaisonnement et laissez refroidir.

Pour les crackers : mélangez les farines, les graines, le sel et le beurre coupé en petits morceaux. Mélangez jusqu'à l'obtention d'un sable grossier, ajoutez le lait petit à petit et mélangez jusqu'à obtention d'une pâte homogène non collante. Étalez cette pâte sur 3 mm d'épaisseur, coupez les crackers et placez au four à 200 °C (th. 6-7) pendant 15 minutes.

Faites cuire le quinoa et le boulgour dans de l'eau bouillante, égouttez-les et laissez refroidir. Coupez les poivrons en petits dés, le tofu en cube et hachez finement le persil. Mélangez le tout, assaisonnez, salez et poivrez.

Pour la crème : mélangez la Maïzena et le cacao, ajoutez 3 cuil. à soupe de lait de soja et mélangez afin de dissoudre le tout. Versez ce mélange dans le restant le lait de soja et portez à ébullition en mélangeant constamment jusqu'à ce que la crème épaississe. Versez-la dans 2 petits pots et laissez refroidir.

REMERCIEMENTS

Je remercie Saïd, Maïa, mes proches et mes amis qui me soutiennent et m'encouragent au quotidien, toujours volontaires pour tester et donner leurs avis sur mes recettes. Merci aux internautes, fidèles lecteurs de mon blog, merci pour leurs nombreux mails d'encouragement ou pour leurs commentaires toujours formateurs.

Je remercie Thomas du site Bento&co (www.bentoandco.com) pour son aide à la création de ce livre, par l'envoi gracieux de bentos et de matériel directement du Japon et tout cela en quelques jours mais aussi pour sa sympathie et sa gentillesse. Mille mercis.

Ce livre est dédié à mes amies du COL qui apportent leur pique nique au travail, en souvenir des repas pris ensemble dans le parc en compagnie d'Oscar et de ses poulettes.

Sylvie Aït-Ali

PRÉSENTATION DE L'AUTEUR

Sylvie Aït-Ali est infirmière à Lille. Passionnée de cuisine et de photographie, elle s'est lancée dans l'aventure des blogs culinaires avec la création d'Amuses bouche (http://amusesbouche.canalblog.com). Elle partage ainsi sa passion en invitant les internautes à essayer ses recettes. Sur son blog ou par courrier électronique, elle répond aux questions et donne des conseils culinaires avisés.